AF455315

VOUS Y VOILA !....

NOUS Y VOILA !....

Pour dissiper leur ligue, il n'a qu'à se montrer ;
Il parle, et dans la foudre il les fait tous rentrer.

RACINE.

PAR M. DARNETERRE.

A PARIS,
CHARLES, imprimeur, rue Thionville, n°. 36.
CHEZ LES MARCHANDS DE NOUVAUTÉS.

4 Avril, 1815.

VOUS Y VOILA!....

NOUS Y VOILA!....

Parlons un peu à nos Concitoyens le langage de la vérité; faisons voir aux uns les fautes qui ont précipité leur chute; disons aux autres ce que nous croyons propre à les rassurer sur l'avenir. Puisse cette bagatelle, écrite d'abondance et d'un style simple, faire naître chez quelques-uns de sages réflexions, et contribuer à la réunion des esprits.

Noblesse trop vaine, je vous ai suivie pas à pas depuis votre rentrée en France, et je vous ai vu courir à votre perte avec cette fureur, cet emportement, qui rendent inutiles les lumières de la raison et les fruits de l'expérience.

C'est pour vous, émigrés, qu'était fait le

pardon des injures et des crimes; vous n'en avez pas su profiter : cependant vous pouviez être heureux : avec un peu de patience, la tendre sollicitude de votre roi vous eût amplement dédommagés de ces biens vendus, grevés de dettes, et qu'avant votre départ réclamaient vos créanciers.

Nobles indigens, que de reproches vous avez à vous faire ! Après avoir erré dans différens pays, baffoués, humiliés, réduits pour vivre aux emplois les plus vils, vous revenez parmi vos concitoyens, vous reprenez dans le monde le rang et la considération qui vous sont dûs; enfans chéris du prince, ayant part à toutes ses caresses, à toutes ses grâces, nommés aux places honorables et lucratives, sûrs d'être toujours choisis vous et les vôtres pour régir l'Etat et pour former autour du monarque un cercle d'élite, qui, comme un autre Olympe, devait voir sous ses pieds le reste de la nation, votre partage ne vous a pas encore semblé assez beau : jaloux des miettes qui tombaient de la table du souverain au profit de quelques braves, auxquels le prince permettait de les ramasser, vous avez voulu tout envahir, honneurs, richesses, prérogatives; vous avez cherché à faire rentrer dans la poussière ces hommes rares qui, par d'éclatans services rendus à la patrie, et au prix de leur sang, se sont élevés eux-mêmes aux grades et à la fortune.... Ne pouvaient-ils pas dire à quelques-uns d'entre vous ce que disait Isocrate à ce Grec qui lui reprochait la bassesse de sa naissance : *Ma noblesse commence à moi, et la tienne finit à toi....* Ce n'était pas encore assez d'humilier les nouveaux nobles, vous vouliez ramener parmi le peuple l'ignorance des premiers siècles, si favorable à votre orgueil ; vous vouliez nous rendre le régime féodal et ses intolérables abus, afin d'être les Dieux de la terre, et de faire du reste des Français des esclaves malheureux.

Vous avez rapporté en France les vieilles idées que vous avez emportées et caressées dans votre exil, en cela vous avez eu grand tort : le peuple des villes et des campagnes n'est plus celui que vous avez connu : la révolution, en nivelant les fortunes, a mêlé les conditions, détruit les rangs. Pendant votre longue absence, ce peuple a donné à la patrie des hommes distingués dans le civil et dans le militaire : nos plus illustres généraux sortent de son sein ; l'éducation du peuple plus soignée qu'autrefois, le rend aussi plus éclairé, et moins facile à tromper; il a acquis plus d'élévation d'ame, une idée plus juste de ses droits et de ses devoirs; il a enfin les qualités, le courage et l'énergie nécessaires pour défendre et maintenir sa liberté. Tel est le peuple français d'aujourd'hui.

Je sais que les gens d'une certaine sorte, qui ferment les yeux pour ne pas voir, nomment *populace*, *canaille*, tout ce qui n'a pas un équipage et des parchemins. . . . La *populace* ou la *lie* du peuple, se sont les vagabonds, qui n'ont point d'état, point d'asile, point de patrie, qui se trouvent partout où est le désordre, et se vendent à qui veut les acheter; ceux-là sont des hommes bas, dangereux, flétris, que la police surveille d'un œil actif et vigilant pour en faire justice s'il y a lieu. C'est contre la *populace* que la garde nationale doit tourner ses armes dans une sédition, car cet amas de brigands n'est pas Français.

Vous savez tout cela, grands du siècle, sans vouloir en convenir. S'il est vrai que le peuple soit toujours peuple pour vous, il n'en est pas de même de lui à votre égard : vous êtes tout à fait désanchantés à ses yeux. Rentrés depuis vingt-cinq ans dans les rangs obscurs ; il vous a vus semblables à lui en misère, en faiblesse ! Il vous a vu bien inférieurs en talens à ceux de ces plébéiens que, jusqu'alors, vous aviez méprisé.... Pourquoi prétendriez-vous aujourd'hui au respect, aux hommages de la multitude ? La faveur du prince vous a-t-elle donné les vertus qui vous manquent? non ; au contraire, ce bonheur d'un moment, dont vous n'avez pas su profiter pour vous réhabiliter dans les esprits, a fait connaître toute l'étendue de vos orgueilleuses, de vos dangereuses prétentions ; il a fait connaître votre souverain mépris, votre haine pour tout ce qui n'est pas *vous*.... Cette élévation passagère a fait voir au grand jour la perfidie cachée au fond de votre cœur, aiguisant le poignard de la vengeance, pour frapper dans l'ombre les audacieux qui vous ont forcés à rougir.... Mais votre nullité étant connue, vous avez cessé d'être à craindre.

Pour grossir votre parti de toutes les âmes timorées, vous avez joint la cause du ciel à la vôtre : la tolérance des cultes est, selon vous, le dernier coup porté à la morale et à la religion. A vous entendre, la divinité est compromise ; on renverse ses autels ; ses foudres vengeresses vont tomber sur la tête des coupables et les écraser ! . . . Misérables mortels ! qui êtes-vous donc ? quels sont vos titres à la protection d'en-haut ? . . . Eh ! qu'importe au Tout-Puissant, qu'on invoque son nom en latin, en grec ou en français ! Celui qui se prosterne dans le saint temple, ayant le cœur gonflé d'orgueil ; celui qui, en priant, conserve la haine de ses frères et le désir de la vengeance ; qui abuse du pouvoir que lui donne sur les âmes faibles le caractère sacré dont il est revêtu, celui-là sera-t-il plus agréable à Dieu que le modeste citoyen qui, l'adorant d'une foi vive, mais sans faste, aime son prochain comme lui-même, et lui fait tout le bien qui est en sa puissance ? non, sans doute. Emigrés de toutes les classes, après avoir trompé votre roi et l'avoir précipité du trône, vous vouliez, pour gage de votre amour, nous donner la guerre civile : VOUS Y VOILA.

Est-il possible de douter de vos mauvaises intentions en voyant vos perfides manœuvres ? Qui a proposé la levée en masse ? qui a fait crier aux armes la nuit dans les rues de la capitale ? à qui devons-nous les affiches incendiaires qui tapissaient nos murs, remplies d'injures basses, dégoûtantes, et de mensonges plus révoltans encore? n'est-ce pas aux émigrés et à leurs amis? Comparons à cette conduite coupable, et à ces placards odieux, faits pour provoquer le meurtre et le carnage, la marche paisible du vainqueur à la tête de l'armée et ses proclamations pacifiques; quelle énorme différence!... Napoléon arrive de l'île d'Elbe en dix-huit jours, sans répandre une seule goutte de sang; ses discours respirent la modération, la grandeur; point de fausses promesses, aucune parole insultante contre la parti vaincu: *Tout ce que des individus ont fait, écrit ou dit depuis la prise de Paris*, dit Napoléon, *je l'ignorerai toujours*. Paroles dignes d'un grand homme, qui sait distinguer la faiblesse de la trahison. L'Empereur parle aux Français comme à un peuple éclairé qui connaît à présent la valeur des mots.

La modération est un des attributs de la force: l'Empereur ne souffrira pas qu'on gâte la belle cause de la liberté en insultant, par des injures grossières, au malheur de princes infortunés, dont le plus grand tort est de s'être trouvés trop faibles pour le poids d'une couronne.

Vous, que les émigrés ont entraînés dans leur chute, prince, qui vous êtes moqué de la nation française, en lui donnant une constitution que vous eussiez dû recevoir de ses mains, souffrez un mot de vérité : lorsque ému par d'anciens souvenirs, ce bon peuple vous eut accueilli; que, par respect et avec une confiance entière dans vos promesses, il eût accepté, sanctionné cette Charte qu'il regardait comme la garantie de son bonheur futur; vos ministres, pour vous plaire sans doute, sapèrent dans ses fondemens ce palladium de la liberté publique.... Dès lors les Français virent avec douleur que vos premiers pas dans la carrière politique tendaient plutôt à les assujettir qu'à les rendre heureux ; que, sous le nom de constitution libérale, vous leur apportiez les chaînes de l'esclavage, le fanatisme et la superstition.... Prince abusé, à qui la faiblesse et la peur ont arraché quelques réglemens sages, que votre extrême partialité pour les vôtres détruisait aussi-tôt, vous nous avez trompés : vous conserviez un trône chancelant en transigeant avec nos ennemis : vous livriez à l'étranger le produit de nos terres et ceux de notre industrie; vous nous teniez dans une honteuse dépendance. Bientôt la France, sans soutien, eût été la proie des puissances étrangères.... Vous avez préféré à la nation française une poignée de factieux, qui ont porté les armes contre elle; vous les combliez d'honneurs, et vous humiliez nos braves en leur refusant votre confiance, en flétrissant leurs lauriers. Vous avez remis vos plus chers intérêts dans des mains avides et mercenaires, qui ont vendu à nos ennemis leur patrie et leur roi.... Cependant, prince, vous ne manquez ni d'esprit, ni de lumières. Cela prouve que les rois, « même les plus inflexibles et les plus » difficiles à diriger, peuvent être précipités » vers leur ruine par la persévérance et l'una- » nimité des mauvais conseils. » Vous vous êtes livré, Sire, à ces conseils perfides, et, VOUS Y VOILA.

Auteurs subalternes et faméliques qui, semblables au tournesol, vous tournez toujours du côté du soleil levant; qui, sans pudeur, couvrez de boue celui que la fortune accable; qui criez indifféremment *vive le roi*, *vive la ligue;* qui ne connaissez ni la justice, ni la reconnaissance; qui prostituez votre plume pour un peu d'or; qui avilissez nos braves armées, pour flatter nos ennemis; qui, lorsque les circonstances l'exigent, désavouez vos paroles, même vos écrits ; qui, tantôt athées, tantôt bigots, n'avez d'autre religion que celle que votre intérêt demande, et d'autre Dieu que la richesse ; qui, pour être en faveur auprès du maître, trahiriez Dieu le père : VOUS-Y VOILA.

Honneur à notre vaillante armée française, qui, par son excellent esprit, nous a sauvés des horreurs de la guerre civile.... Eh! pour qui, grand Dieu! se serait-elle battue! Ce n'aurait pas été pour l'avantage du roi, trop bon, sans doute, et trop crédule, que ses favoris eussent toujours trompé ; ç'aurait été pour satisfaire les passions haineuses des anciens nobles, depuis long-temps ennemis de la patrie; pour les Chouans et les Vendéens, qui portèrent contre elle, pendant vingt-cinq ans, l'épée d'une main et la croix de l'autre; pour les prêtres qui, aussi fourbes qu'égoïstes, se jouent de Dieu et des hommes....

Cependant, on ordonne à la troupe de partir. Où sont, disent ces braves, les ennemis qu'il faut vaincre? nous sommes prêts à marcher.... Quoi! ce sont des Français!... Ce peut-il qu'on veuille nous faire les instrumens d'une guerre atroce dont frémit la nature?

Ah! cruels, ne l'espérez pas; jamais nos armes ne seront souillées du sang de nos amis, de nos frères! Nous réservons le nôtre pour le répandre jusqu'à la dernière goutte, s'il le faut, pour défendre la patrie..... Braves guerriers, vainqueurs à Fleurus, Marengo, Austerlitz, etc. : voilà ce qu'on devait attendre de vous : voilà le soldat citoyen! voilà les sentimens généreux d'une armée, qui réunit au bouillant courage le pur amour de la patrie et celui de l'humanité. La nation reconnaissante vous réserve dans ses fastes la place honorable que mérite votre courageuse résistance; déjà vous jouissez du bonheur après lequel vous soupiriez : Napoléon et la gloire vous rangent sous leurs drapeaux : dédommagés amplement de vos souffrances, de toutes vos peines, vous en recevez la récompense : VOUS Y VOILA.

Il est dans nos murs cet invincible Napoléon, que les Français ont choisi pour chef.

> Celui qui dompte la fortune,
> Mérite seul le nom de GRAND.

Sous l'empire de ce grand homme, la France reprend une attitude imposante et majestueuse; elle relève sa tête abattue; ses yeux long-temps baissés regardent le ciel et s'animent d'un feu nouveau ; appuyée sur son génie protecteur, elle appelle les arts qui, à sa voix, arrivent en foule des quatre coins du globe pour lui offrir leurs tributs ; ses ports se remplissent de vaisseaux, ses manufactures sont riches et florissantes : Bonaparte de retour apporte à la France une paix solide, durable, une gloire immortelle, la prospérité et le bonheur. C'était l'objet de nos vœux : NOUS Y VOIBA.

Mais, qu'entends-je ? au milieu de mille chants d'allégresse, quelques voix, ennemies sans doute, crient : La guerre ! nous craignons la guerre ! . . . . Rassurez-vous, hommes timides ; ayez confiance dans les paroles de Napoléon ; il a dit à ses braves guerriers : *Nous devons oublier que nous avons été les maîtres des nations.*

Plus de guerre de conquête, donc plus de guerre. Eh ! qui oserait attaquer notre territoire défendu par une armée de héros, tous dévoués à la patrie, et commandés par le triomphateur de l'Europe ! . . . N'en doutons pas, la France sera grande, forte et heureuse, sous un gouvernement qui saura la faire respecter au-dehors, et rendre à la nation l'exercice de ses droits politiques. La *paix*, une constitution libérale, de bonnes lois, et pour chef un grand homme, c'est ce que l'Empereur peut nous donner et ce qu'il nous donnera. A la suite de longues années de bonheur, les Français lui diront : Sire, vous vouliez aller au temple de mémoire; vous nous avez rendus heureux : VOUS Y VOILA.

PAR M. D'ARNETERRE.

De l'Impr. de CHARLES, rue Thionville, n° 36.

www.ingramcontent.com/pod-product-compliance
Ingram Content Group UK Ltd.
Pitfield, Milton Keynes, MK11 3LW, UK
UKHW022210190726
13855UKWH00004B/1705